Zoé Darwin

Illustré par Myrtille Tournefeuille

# Le Club du ZOO

Bébés tigres en dan

Larousse Jeunesse

**Rebecca**

**Âge :** 11 ans

**Classe :** 6e

**Père :** soigneur au secteur félins

**Animaux préférés :** sans hésiter, les oiseaux ! Possède un perroquet qui s'appelle Iago

**Qualités :** pleine d'audace, d'idées et d'énergie

**Défauts :** un peu trop pleine d'énergie justement ! Parfois brusque, aime bien foncer tête baissée

**Théo**

**Âge :** 11 ans

**Classe :** 6e

**Père :** responsable du secteur aquatique

**Animaux préférés :** tous ceux qui vivent dans l'eau !

**Qualités :** calme, réfléchi, courageux

**Défauts :** a tendance à se laisser entraîner dans les folles aventures de Rebecca !

**Min-ah**

**Âge :** 10 ans

**Classe :** 6e

**Mère :** soigneuse au secteur oiseaux exotiques

**Animaux préférés :** les félins. Sa chatte norvégienne, Taïga, est un des animaux domestiques les plus câlinés de la Terre !

**Qualités :** intelligente, curieuse, passionnée

**Défauts :** si timide que c'en est presque une maladie !

**Samuel**

**Âge :** 13 ans

**Classe :** 4e

**Père :** soigneur au secteur éléphants

**Animaux préférés :** pas vraiment passionné par les animaux, mais aime bien l'atmosphère du zoo.

**Qualités :** généreux, toujours prêt à rendre service

**Défauts :** il est le plus grand de la bande, mais pas toujours le plus courageux !

## Bienvenue au zoo de l'Arche !

Ce zoo est la deuxième maison de Rebecca, Min-ah, Théo et Samuel. Ils le connaissent comme leur poche car ils viennent souvent y retrouver leurs parents.

Le zoo de l'Arche est immense ! Les soigneurs et jardiniers prennent soin de toutes sortes de végétaux et de cinq mille animaux. Très engagé dans la protection des espèces en voie de disparition, le zoo accueille gorilles, cacatoès, pandas, tigres, koalas, éléphants, tortues marines… et met tout en œuvre pour favoriser leur conservation.

# Chapitre 1

– Taïga ? Taïga, où es-tu passée ?

J'écarte quelques-uns des cartons qui encombrent ma chambre et je me mets à quatre pattes à sa recherche. C'est une chatte norvégienne de presque six kilos : elle ne devrait pas être difficile à trouver !

Enfin, je repère des yeux verts brillants sous mon lit.

– Ah, te voilà ! Je sais que tu n'aimes pas cette nouvelle maison, mais tu ne

LIVRES

peux pas rester cachée là ! Viens, je te donnerai des croquettes !

J'étends le bras vers elle, mais elle ne bouge pas d'un poil. Elle ne m'a clairement pas pardonné le voyage de cinq heures en voiture de la veille et l'arrivée dans cet endroit inconnu.

Taïga a de longs poils roux et je trouve qu'elle est aussi majestueuse que ses cousins, les grands félins. Lions, léopards, panthères, tigres… ma mère travaille avec des oiseaux, mais moi, ce sont les longues moustaches et l'épaisse fourrure de ces gros chats qui me plaisent le plus. Le nom de Taïga vient d'ailleurs de *tiger*, ou « tigre » en anglais. À mes yeux, c'est la chatte la plus merveilleuse du monde. En plus d'être belle, elle est gentille et elle adopte tous les animaux qu'elle croise : l'été dernier, elle s'est même occupée d'un chiot que mon père a trouvé sur le parking de son travail avant qu'on retrouve ses maîtres.

– On doit y aller ! On a rendez-vous avec la directrice du zoo dans une demi-heure, annonce ma mère en entrant dans ma chambre.

– Taïga est cachée sous le lit !

– C'est normal qu'elle soit un peu déboussolée, répond ma mère. Elle finira par sortir si tu la laisses tranquille.

Elle vérifie sa coiffure et son maquillage dans la glace avant de lisser sa robe. Habituellement, elle est plutôt du genre à porter un vieux tee-shirt du zoo et des pantalons, avec ses longs cheveux noirs attachés pour ne pas risquer qu'un oiseau se prenne dedans. Ma mère était la responsable du secteur oiseaux dans notre précédent zoo, mais nous avons été obligés de déménager à cause du travail de mon père. C'est aujourd'hui son premier jour au zoo de l'Arche, où elle va s'occuper des oiseaux exotiques.

Et ça veut dire que moi, je change d'école. C'est déjà le mois d'avril et je ne connaîtrai personne ! Heureusement, on a déménagé pendant les vacances de Pâques, alors j'ai encore une dizaine de jours avant d'aller en classe. Ça ne m'empêche pas d'avoir mal au ventre quand j'y pense.

– Allez, comme ça, tu verras le zoo, dit ma mère, qui semble satisfaite de son apparence. Il paraît que plusieurs employés du zoo ont des enfants de ton âge. Peut-être que tu pourras les rencontrer et te faire des amis dès aujourd'hui !

– Peut-être, je répète, pas vraiment convaincue.

Je jette un coup d'œil à notre maison avant de monter en voiture. C'est un petit pavillon neuf avec un jardin envahi de mauvaises herbes qui ne ressemble pas du tout à l'endroit où on vivait avant.

J'ai horreur du changement et j'ai beaucoup de mal à me faire des amis. Notre ancienne maison et notre ancien zoo me manquent déjà.

Je sais que c'est impossible, mais j'aimerais faire comme Taïga et me cacher sous mon lit jusqu'à ce que mes parents acceptent qu'on y retourne !

# Chapitre 2

Le zoo n'est qu'à un quart d'heure en voiture de la maison. Ma mère me montre l'arrêt du bus au passage, au cas où je devrais venir ou repartir du zoo toute seule. J'ai toujours passé les après-midi où ma mère travaille au zoo à faire mes devoirs dans le secteur des fauves, ou à regarder les oiseaux voler pendant la saison des spectacles. Mais tout le monde était gentil dans mon ancien zoo, et je connaissais la plupart des soigneurs depuis ma naissance.

Je ravale mes larmes en pensant aux amis et aux animaux que j'ai laissés derrière moi. Mon père a promis qu'on y retournerait pendant les vacances, mais je ne serai pas là pour voir les petits de Nila la panthère noire, ou pour assister au premier spectacle des deux nouvelles otaries de Californie encore en entraînement.

– Voilà, on est arrivées ! annonce ma mère en se garant devant l'entrée principale du parc.

Je lève la tête. Des visiteurs font la queue devant la billetterie, qui est collée à une grosse boutique de souvenirs. Au-dessus de la grille de l'entrée, quelques mètres plus loin, des lettres de métal annoncent :

**L'ARCHE**

**ZOO ET JARDIN BOTANIQUE**

Ma mère va parler à un gardien en uniforme bleu et lui montre son badge pour qu'il nous laisse entrer. Juste devant nous, il y a une impressionnante statue d'ours dressé sur ses pattes arrière. Derrière, j'aperçois trois éléphants d'Afrique, aux grandes oreilles, qui ont l'air de jouer autour d'une cascade dans un immense enclos.

Même d'ici, je me rends compte que ce zoo est beaucoup plus vaste que celui où ma mère travaillait avant. Je me sens vraiment intimidée. En plus, personne ne nous attend.

– Tu es sûre qu'on devait venir nous chercher ici ? je demande, inquiète.

– La directrice doit être occupée, ne t'en fais pas, me rassure ma mère.

Après vingt minutes, un homme arrive vers nous en courant. Il porte un pantalon kaki et un tee-shirt avec un dessin d'ours devant et « Zoo de l'Arche » marqué derrière.

– Madame Kim ? Je suis désolé de vous avoir fait attendre, s'excuse-t-il. Notre tigresse de Sumatra vient de faire ses premiers petits, et la directrice a tenu à assister à la mise-bas. Elle n'en a plus pour très longtemps, mais on peut commencer la visite, si vous voulez. Je suis Tom Vera, le responsable du secteur aquatique.

Après avoir serré la main de ma mère, il me sourit.

– Tu dois être Min-ah. J'ai un fils de ton âge. Il observe les bébés tigres avec les autres. D'ailleurs, peut-être que tu as envie d'y aller aussi ? Ce n'est pas tous les jours que l'on voit des tigres nouveau-nés !

– Oh maman, je peux ?

Je lui adresse mon regard le plus suppliant. Les tigres sont mes animaux préférés !

– Oui, bien sûr, répond ma mère. Vas-y pendant que je fais un tour avec monsieur Vera. De toute façon, ça n'aurait pas été très amusant pour toi.

Aussitôt dit, aussitôt fait : Tom Vera me confie à un stagiaire qui passait par là et part avec ma mère. Je monte dans une voiture bizarre sans portières ni toit et avec de grosses roues, que le stagiaire appelle un « buggy » même s'il y a marqué « Zoomobile » dessus. Il m'explique que dans le zoo, les visiteurs peuvent louer une de ces zoomobiles ou prendre un petit train nommé « Zoocomotive » parce que le parc est trop grand pour en faire le tour à pied.

Il me dépose devant un bâtiment en brique et repart. Je mets plusieurs minutes à oser entrer. C'est une salle de repos, avec des canapés, un ordinateur, une table basse et une télévision dont l'écran montre les images en noir et blanc d'un tigre marchant de long en large. L'image n'est pas très nette, mais on distingue tout de même derrière lui trois bébés couchés dans le foin. Une dizaine d'adultes discutent en regardant la télévision. Une femme porte des lunettes de soleil et un chapeau à larges bords décoré d'oiseaux, et même d'un koala en peluche. Je la reconnais tout de suite : c'est la directrice du zoo, dont ma mère m'a montré une photo.

Un garçon roux et une fille blonde avec une queue-de-cheval, qui ont l'air à peu près de mon âge, sont assis par terre juste devant l'écran.

Les adultes semblent inquiets et je trouve la façon dont la tigresse n'arrête pas de bouger étrange. Ne devrait-elle pas s'occuper des petits ?

– T'es qui, toi ? demande soudain la fille, qui s'est retournée. Je ne t'ai jamais vue… Tu es venue voler un bébé tigre ?

Elle se lève. Elle porte une robe à fleurs, une plume rouge en pendentif et de grosses chaussures de randonnée noires.

– N-non, je proteste. J-je suis…

La fille et le garçon me regardent et j'ai l'impression qu'ils se moquent de moi. Les adultes se sont tus pour m'écouter. Comme toujours quand je suis angoissée,

les mots m'échappent et je me mets à bégayer.

– C'est interdit de venir dans la zone réservée au personnel du parc ! m'annonce la fille en faisant un pas vers moi. C'est privé, ici !

– Hé, Rebecca, vas-y doucement, lui dit le garçon resté assis par terre.

– Tiens, qui es-tu, toi ? demande une femme.

Je sais que c'est idiot, mais je n'arrive pas à répondre. Les phrases sont coincées dans ma gorge. Je me sens devenir toute rouge et j'ai soudain envie de pleurer. Alors, je recule et, avant d'avoir réfléchi, je quitte la salle de repos en courant.

J'ai à peine fait trois pas que je me traite d'imbécile. Maintenant, ils vont penser que je suis bizarre et stupide ! Tu parles de se faire des amis : Rebecca et le garçon vont raconter à tout le monde que je bégaye et que je me suis enfuie à cause d'une simple question ! J'espère qu'ils ne vont pas dans la même école que moi…

Je ne sais pas quoi faire, alors je cherche un plan du zoo pour trouver la volière des oiseaux exotiques et rejoindre ma mère. Il me faut une demi-heure pour y arriver, mais ça me donne le temps de me calmer.

Je ne parle pas à ma mère de ce qui s'est passé, mais la directrice du zoo est déjà là quand j'arrive et je suis sûre qu'elle lui a tout raconté.

Le soir, quand je suis dans mon lit, Taïga vient me voir. Je la prends dans mes bras et enfouis mon visage dans sa douce fourrure.

– Je veux rentrer à la maison et revoir mes amis.

Mes amis à peau, à plumes et à fourrure.

Mais, bien sûr, c'est impossible.

# Chapitre 3

Le lendemain, ma mère me laisse traîner dans la volière pendant quelques heures avant de me mettre dehors.

– Tu devrais faire un effort, dit-elle. Explore et discute avec les autres enfants : la directrice m'a dit que ceux que tu as rencontrés hier vont dans la même école que toi, c'est une bonne occasion de faire connaissance.

Je pousse un grognement : évidemment qu'ils sont élèves dans mon école ! Je suis sûre qu'ils vont raconter à tout le monde comment je me suis ridiculisée devant eux ! Paul, l'autre soigneur de la volière, entre dans une cage pour mettre des morceaux de fruits.

– Si vous parlez de Théo et Rebecca, ils doivent être au complexe aquatique pour regarder le spectacle des dauphins, dit-il. C'est l'un des premiers de la saison et le père de Théo est le responsable du secteur.

– Allez, dehors ! m'ordonne maman en me poussant hors de la volière. Prends le soleil et fais-toi des amis !

Je traîne les pieds et regarde distraitement les animaux en marchant dans le zoo. J'en veux un peu à ma mère de ne pas me soutenir plus, même si je sais qu'elle fait ça pour mon bien. Sans réfléchir, je me dirige vers les gradins du secteur aquatique. Il ne fait pas très beau aujourd'hui et il n'y a pas beaucoup de monde pour applaudir les deux dauphins qui sautent dans des cerceaux.

Je remarque tout de suite les enfants de la veille assis au dernier rang : Théo et Rebecca.

Malheureusement, ils me repèrent aussi.

– Hé ! Tu es la fille d'hier ! Alors, tu as retrouvé ta langue ? crie la fille.

Je me sens rougir et recule en regardant ailleurs. Pourquoi je n'arrive pas à me défendre ?

– Hé ! Tu es sourde aussi ? insiste Rebecca.

La femme qui fait danser les dauphins au son d'une chanson que j'entends souvent à la radio lui lance un regard noir.

Le garçon donne un coup de coude à la fille.

– On va se faire gronder à cause de toi, lui dit-il.

– C'est pas ma faute, proteste la fille d'une voix forte. C'est elle qui ne parle pas !

Elle pointe un doigt vers moi. Une fois encore, c'est comme si j'étais devenue muette. Après avoir ouvert et fermé la bouche plusieurs fois comme un poisson hors de l'eau, je me dépêche de battre en retraite. Je m'enfuis le plus vite possible, me glissant entre les visiteurs qui admirent les animaux du parc.

Je n'arriverai plus jamais à me faire d'amis, je le sais !

Je finis par rentrer dans un bâtiment décoré par le dessin d'un papillon. À l'intérieur, il y a toutes sortes d'insectes qu'on peut observer derrière des vitres. Ma vision se brouille et je me dirige dans un coin qui me semble désert. Les larmes se mettent à couler sans que je réussisse à les arrêter.

– Pourquoi tu pleures ?

Je sursaute. Un garçon à la peau bronzée et aux cheveux noirs est assis par terre, un livre sur les genoux. Il a l'air d'avoir deux ou trois ans de plus que moi.

– Je m'appelle Samuel, dit-il finalement. Mon père est soigneur. Il s'occupe des éléphants.

J'ai envie de m'enfuir, mais j'ai besoin de parler à quelqu'un. Samuel a l'air calme, presque comme un adulte : c'est plus facile pour moi de discuter avec les adultes qu'avec les enfants de mon âge, c'est pour ça que j'ai du mal à me faire des amis.

– M-Min-ah, je bredouille. Ma mère vient d'être embauchée aux oiseaux exotiques.

Il hoche la tête et baisse de nouveau les yeux vers son livre. Je reste un moment avec lui en silence, et puis peu à peu, je lui raconte tout : la maison, mes amis et

les animaux du zoo qui me manquent ; la première impression horrible que j'ai faite sur Rebecca et Théo ; et les sentiments affreux qui pèsent sur ma poitrine. Il m'écoute avec patience. Alors que je parle, j'arrête de pleurer. Finalement, je me tais. Je renifle encore et Samuel me donne un mouchoir. Quand il se lève, il fait presque une tête de plus que moi.

– Je crois que tu vas te plaire ici. Rebecca et Théo sont des dingues d'animaux eux aussi, alors vous devriez vous entendre.

– Pas toi ? je demande, surprise.

Il hausse les épaules.

– Je ne vois pas ce que toutes ces bêtes ont de si intéressant. Mais en attendant… tu veux que je te montre un truc cool pour te remonter le moral ?

Intriguée, je hoche la tête.

– Alors, viens !

Nous sortons du bâtiment des insectes. En vérité, je me sens déjà mieux. Je me demande si Samuel ne serait pas un peu magicien…

# Chapitre 4

Samuel marche vite et je fais de mon mieux pour le suivre. Il ouvre une porte dissimulée derrière un massif de fleurs qui mène dans un endroit qui n'est clairement pas autorisé au public, mais les employés du zoo se contentent de saluer Samuel au passage. Enfin, on arrive devant une petite maison peinte en blanc.

– Où on est ? je demande.

– C'est l'infirmerie.

J'ai un mouvement de recul.

– L'infirmerie ? On a le droit d'entrer là ?

– Pas de problème, dit Samuel. Suis-moi !

À notre arrivée, une femme à lunettes et un homme avec un bandana rouge dans les cheveux discutent devant une table d'examen. Je me souviens les avoir vus la veille dans la salle de repos.

– Voilà Min-ah Kim, la fille de la nouvelle soigneuse des oiseaux tropicaux, me présente Samuel. Elle adore les gros chats et je crois qu'elle aurait bien besoin qu'on lui remonte le moral... la déprime du déménagement, ajoute-t-il en faisant semblant de chuchoter.

– Hé ! je proteste.

– Bonjour Min-ah. Je suis le chef des vétérinaires, dit la femme. Ici, tout le monde m'appelle Doc.

– Je suis Luc, se présente l'homme. Je suis soigneur aux félins.

– Alors, on lui montre ? intervient Samuel, les yeux brillants. Elle va adorer, c'est sûr !

Les deux adultes se regardent.

– Oh bon, d'accord, dit Doc. De toute façon, ça va être l'heure du biberon. Mais il va falloir vous désinfecter.

– Du biberon ? je répète.

Samuel me fait un clin d'œil.

– Tu vas voir !

Doc nous conduit devant une porte, nous fait retirer nos chaussures et mettre les pieds dans une bassine pleine d'un liquide qui sent l'eau de Javel. Ensuite, on se lave les mains avec une solution antibactérienne pour tuer les microbes.

– Vous êtes prêts ?

Je hoche la tête, excitée de savoir ce que cache cette mystérieuse porte.

En entrant, on est accueillis par la lumière orangée d'une lampe chauffante, posée devant une caisse remplie de paille. Une fois plus près, je découvre trois petites formes à l'intérieur. Ce sont les bébés tigres de Sumatra d'hier !

– Qu'est-ce qu'ils font là ?

– Leur mère les a rejetés. Elle ne veut pas s'occuper d'eux et on a été obligés de les lui retirer. C'est la première fois qu'elle a des petits, alors peut-être qu'elle n'a pas su quoi faire et que ça lui a fait peur, explique Luc. Ça arrive de temps en temps.

Doc prend une bouteille dans le réfrigérateur et se retourne vers moi.

– Tu veux voir comment on donne le biberon à un bébé tigre ? me demande-t-elle.

– Pour de vrai ?

Je suis tellement excitée que j'ai envie de sauter sur place.

– Bon, il est temps que je m'en aille, dit Samuel.

– Déjà ? je m'étonne.

– Tu souris, j'ai fait mon travail… et j'ai encore ma fiche de lecture à faire, ajoute-t-il avec une grimace. On se verra dans le coin !

Il me fait un rapide salut de la main et s'en va.

– Samuel est comme ça, me dit Doc. Il est assez brusque… même si ce n'est rien à côté de Rebecca : cette enfant est un vrai démon quand elle s'y met !

Entendre quelqu'un d'autre le dire me réconforte. Luc s'agenouille par terre et examine les bébés tigres en faisant des claquements de langue que je n'arrive pas à interpréter.

Doc pose trois biberons propres sur une table.

– On leur donne du colostrum de jument, pour l'instant, explique-t-elle en remplissant un des biberons. Le colostrum est le lait que les petits boivent pendant les premiers jours de leur vie, il est très riche et les aide à éliminer les microbes. Sans colostrum, ils risquent une infection.

Je la regarde réchauffer les biberons dans une machine.

– Pourquoi de jument ?

– On ne trouve pas de colostrum de tigre dans les magasins, répond Luc. Traire une tigresse serait trop dangereux…

Je ris en imaginant la scène. Celui qui essayerait se ferait dévorer tout cru, c'est sûr ! Doc visse une tétine sur un biberon et met une goutte du liquide sur son poignet pour vérifier qu'il n'est pas trop chaud. Elle prend l'un des tigres dans la caisse et le pose par terre. Il a les yeux fermés et de minuscules oreilles repliées contre son tout petit crâne. Il n'est pas plus lourd qu'un lapin nain.

– Tu peux le caresser si tu veux.

J'approche la main doucement, osant à peine croire que je touche un tigre. Sa fourrure rayée est douce et légère. Doc

approche la tétine de sa gueule et, après avoir cherché, il l'attrape. Il boit rapidement, faisant d'adorables bruits mouillés.

Je suis surprise qu'on ne le tienne pas comme un bébé pour le nourrir, mais Doc m'explique que c'est pour éviter de le « noyer ».

– Si tu le tenais sur le dos, tu risquerais de faire entrer du liquide dans ses poumons, dit-elle. Ce serait très dangereux.

Une fois le biberon vide, elle prend une lingette mouillée et elle lui essuie tout le corps.

– C'est pour faire comme si sa mère le léchait. Comme ça, il est propre et ça l'aide à faire ses besoins.

Quand elle a terminé, elle le replace au chaud dans la caisse et sort les deux biberons restants. Je m'amuse comme une folle et je caresse les trois petits, résistant à l'envie de les prendre dans mes bras.

– Allez, aide-moi, demande Doc à Luc.

– Il faut les nourrir huit fois par jour, pour l'instant, m'informe Luc en sortant le deuxième petit. Mais ça vaut la peine de se donner du mal : les tigres de Sumatra sont en voie de disparition, il en reste très peu dans le monde, alors chacun d'entre eux est précieux.

Doc prend le troisième et je vois tout de suite qu'il ne va pas bien. Il est plus petit que les deux autres, il a les flancs creusés et il bouge à peine. Quand Doc lui présente la tétine, il tourne la tête et refuse d'y toucher.

Elle soupire et le remet dans la caisse après plusieurs minutes.

– Si celui-là ne mange pas d'ici demain, j'ai peur qu'il ne s'en sorte pas, dit-elle.

– Il est malade ? je m'inquiète.

– Ce n'est pas si simple. On fait tout ce qu'on peut pour l'aider, mais il est faible. Parfois, il y a des petits qu'il est impossible de sauver.

– Mais il est né hier ! je proteste.

Doc secoue tristement la tête et Luc remet le deuxième tigre dans la caisse. Lui aussi a l'air malheureux. Les soigneurs ont de la peine quand un de leurs animaux est malade. Je sais que ma mère pleure quand il arrive quelque chose à l'un de ses oiseaux, même si elle essaye de le cacher.

– Tu devrais retourner voir ta mère. Elle va se demander où tu es passée et j'ai des choses à faire, me dit Doc. Il faudra de nouveau les nourrir dans deux heures. C'est que c'est du travail, d'être une maman tigre !

Je me relève et jette un dernier coup d'œil au pauvre bébé tigre avant de quitter la pièce.

Même si je ne sais pas du tout quoi faire, il faut trouver un moyen de l'aider, et vite ! Je me promets de faire tout ce que je peux pour le sauver.

## Chapitre 5

Après être retournée voir ma mère, qui pesait des perroquets, je suis ressortie dans le parc. J'ai la permission de rentrer, mais je n'ai pas envie d'être toute seule dans notre maison pleine de cartons.

Et puis, je n'arrête pas de penser au bébé tigre. Comment l'encourager à manger ?

Je prends la Zoocomotive et descends à l'arrêt « Sumatra ». Il y a là des rhinocéros, des tortues d'eau, des orangs-outans, des crocodiles… et des tigres, bien sûr. Enfin, un tigre.

Je m'approche de son enclos pour le regarder à travers le grillage.

– La mère des petits n'est pas là. Ils la gardent en observation à l'intérieur, fait une voix.

Je me retourne et tombe nez à nez avec Théo. Gênée, je hoche la tête.

– Tu n'arrives pas à parler ? demande-t-il, sans méchanceté.

– S-si, je marmonne en baissant la tête. J-j ne suis juste pas t-très à l'aise avec les gens que je ne connais pas et…

– Rebecca t'a fait peur ? T'inquiète pas, elle ne réfléchit jamais avant d'ouvrir la bouche, mais en fait elle est sympa… enfin, en général.

On observe le tigre en silence. Je commence tout juste à me détendre quand Rebecca arrive. Elle me regarde de haut en bas et finit par me tapoter le bras. Je me crispe, m'attendant à un nouveau débordement de cris et de mouvements désordonnés.

– Désolée, j'étais juste excitée de rencontrer quelqu'un de notre âge, dit-elle. Il paraît que ta mère travaille aux oiseaux exotiques ?

– Rebecca est fan de perroquets, m'explique Théo. Elle a un gris du Gabon qui sait dire plein de choses.

– Oh, c'est vrai ? Ton père s'occupe des félins, non ? je demande, soulagée de réussir à parler normalement.

Théo avait raison : Rebecca ne fait pas si peur que ça quand elle est calme.

– Si. Ce n'est pas que je n'aime pas les gros chats. C'est hyper beau et tout, mais les oiseaux… C'est tellement intelligent ! On peut leur apprendre des tas de choses ! Tu as vu le spectacle des perroquets ?

Elle agite les mains et ses yeux bleus brillent d'excitation. Je baisse la tête pour cacher un petit rire.

– Je t'avais dit qu'elle n'était pas méchante, fait Théo. Juste complètement barjot, ajoute-t-il en faisant semblant de tousser.

– Vous avez vu les bébés tigres ? je demande.

– Toi oui ? s'étonne Rebecca. Comment tu as fait ?

Je leur raconte ma visite chez Doc et m'aperçois que c'est beaucoup plus facile de m'exprimer quand je me concentre sur ma passion pour les tigres.

– J'aimerais aider celui qui ne va pas bien, mais je ne sais pas quoi faire. Si Doc et son soigneur n'ont pas d'idée, ça doit être impossible… dis-je, découragée.

– Ne baisse pas les bras aussi vite ! On n'a qu'à faire des recherches. On ne sait jamais, dit Rebecca avec enthousiasme.

– Ce n'est pas comme si on avait mieux à faire, renchérit Théo. Allons dans la salle de repos des soigneurs. Il y a un ordinateur.

Ébahie par le tour inattendu qu'a pris ma promenade, je les suis sans protester après avoir envoyé un message à ma mère pour lui dire que je reste au zoo. J'espère de tout mon cœur qu'on trouvera quelque chose !

## Chapitre 6

Après avoir cherché près de vingt minutes, Rebecca s'affale sur sa chaise, déçue.

– Doc fait déjà tout ce qu'il faut, dit-elle.

Je repense aux articles qu'on vient de lire. Surtout à ceux sur la chienne qui a recueilli des bébés tigres orphelins.

– Peut-être que le petit tigre ne mange pas parce qu'il veut sa maman, dis-je.

– Oui, mais elle l'a rejeté. Elle pourrait le blesser si on le remettait avec elle, remarque Théo.

– Quel dommage qu'on n'ait pas de chienne qui vienne d'avoir des petits ! On lui aurait donné le tigre pour qu'elle s'en occupe, soupire Rebecca, qui semble penser à la même chose que moi.

On décide malgré tout d'en parler à Doc au cas où. Il reste peu de temps avant que nos parents finissent leur journée, alors on se dépêche d'aller à l'infirmerie. Par chance, Doc y est et elle nous écoute patiemment.

– Ça n'est pas une mauvaise idée, admet-elle. Mais nous n'avons aucune chienne allaitante et on ne peut pas faire rentrer des animaux dans un zoo comme ça.

Elle soupire et essuie ses lunettes sur son tee-shirt.

– C'est bien de garder espoir, mais il faut vous préparer… parfois, les animaux meurent. C'est triste, mais c'est la nature.

Elle nous laisse quand même aller voir les bébés et Théo s'extasie en les caressant. Ils sont si doux… et mignons comme des peluches !

– Il faut qu'on le sauve, dit Rebecca en sortant. Pas question de le laisser mourir sans rien faire !

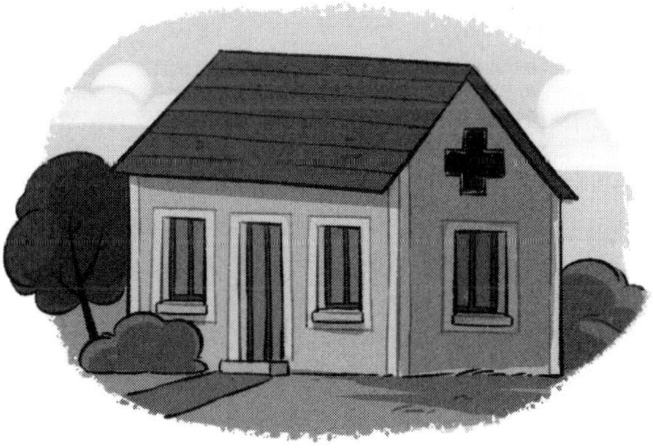

Mon téléphone sonne pile à ce moment-là : ma mère est prête à rentrer. J'échange mon numéro de téléphone avec Rebecca et Théo avant de la rejoindre, heureuse de lui parler de mes nouveaux amis et des bébés tigres.

## Chapitre 7

Je suis sur le canapé, en train de regarder Taïga jouer avec un pompon quand j'ai soudain une idée.

– Taïga ! Taïga adore élever des petits et elle ressemble à un tigre…

Mon père la regarde par-dessus son journal et lève les sourcils.

– Bon, à un tigre de six kilos. Mais elle serait géniale pour s'occuper d'un bébé tigre !

Je cours expliquer mon plan à ma mère, qui est en train de lire dans sa chambre.

– Pas question, répond-elle. Tu ne peux pas introduire un animal dans le zoo.

– Mais…

– Pas de « mais ». Je ne travaille là que depuis une journée, alors je t'en prie, ne t'attire pas de problèmes. Essaye de comprendre !

Je sais qu'elle a raison, mais j'ai envie de taper du pied de frustration. Pourquoi ne pas essayer, même s'il n'y a qu'une toute petite chance que ça fonctionne ?

Je vais m'enfermer dans ma chambre en claquant la porte et j'envoie un message à Rebecca pour lui demander ce qu'elle pense de mon idée.

OISEAUX D'EUROPE
OISEAUX D'EUROPE

Elle la trouve géniale. Si seulement ma mère acceptait d'emmener Taïga et de parler à Doc ! Malheureusement, quand ma mère dit non, c'est non : elle ne change jamais d'avis.

Rebecca n'est pas du genre à se laisser arrêter par ce genre de détail. Elle m'envoie un dernier SMS :

« Emmène Taïga devant le zoo demain. On trouvera un moyen de la faire rentrer ! »

J'hésite à peine avant d'accepter. Néanmoins la nuit, couchée dans mon lit, j'ai le cœur qui bat à toute vitesse. Je suis excitée à l'idée de sauver le bébé tigre et effrayée en pensant que je m'apprête peut-être à faire une grosse bêtise.

Est-ce que ça vaut vraiment la peine de risquer de se faire gronder ? Et si l'opération « sauvons le bébé tigre » était un désastre et qu'après, on m'interdisait d'aller au zoo ? Ma mère serait très en colère et déçue par mon comportement. Je ne suis pas du genre à faire des bêtises ou à désobéir, d'habitude, et elle me fait confiance.

Je repense au tigre couché dans la paille, si petit et fragile qu'on dirait qu'il va disparaître. Non, je ne peux pas le laisser tomber. Pas tant que je n'aurai pas tout essayé pour l'aider !

## Chapitre 8

– Min-ah, on part ! appelle ma mère.

Je me tourne vers elle, couchée sous mes couvertures, et me force à bâiller.

– J'ai eu du mal à dormir. Est-ce que je peux rester dormir encore un peu et te rejoindre au zoo dans une heure ? Je prendrai le bus.

Ma mère s'approche de mon lit pour m'examiner.

– C'est vrai quc tu as l'air épuisée.

Je ne joue pas la comédie là-dessus : j'étais si énervée à l'idée d'amener Taïga au zoo que j'ai à peine fermé l'œil !

– Bon, d'accord, dit ma mère. Téléphone-moi avant de partir de la maison et n'oublie pas de fermer à clef! Voilà un ticket de bus.

Je me lève dès que j'entends le claquement de la porte d'entrée et je m'habille en quatrième vitesse. Taïga déteste le sac de transport et il me faut presque dix minutes pour l'y faire entrer parce qu'elle se débat comme un beau diable. Je finis par réussir et elle se plaint en miaulant.

– Désolée, Taïga. C'est pour aider un bébé tigre.

Taïga est très lourde. Par chance, le sac est à roulettes. Dans le bus, la dame assise devant nous me demande son nom et lui fait plein de compliments, ce qui a l'air de la calmer.

Taïga aime bien que les gens s'intéressent à elle.

Je descends devant l'entrée principale du zoo et j'envoie un message à Rebecca pour qu'elle et Théo me rejoignent.

– Wow, c'est le plus gros chat que j'aie jamais vu ! s'enthousiasme Théo en regardant dans le sac.

– C'est une chatte norvégienne, j'explique. Elle s'appelle Taïga et elle a trois ans.

– Parfait, dit Rebecca. On va utiliser une des entrées du personnel. Il y en a une près de l'infirmerie.

Ce plan m'inquiète un peu.

– C'est interdit de passer par là, non ?

– Ne t'en fais pas, me rassure Théo. J'ai emprunté le passe magnétique et les clefs de mon père. En plus, les employés ont l'habitude de nous voir dans le coin, Rebecca et moi. Il suffira de cacher le sac de transport. D'ailleurs, on ne croisera peut-être personne !

On marche un moment le long du zoo avant d'arriver devant un parking. Théo se sert du passe magnétique pour ouvrir la porte qui conduit dans les coulisses du zoo. Une fois à l'intérieur, je prends le sac de Taïga dans mes bras en rentrant la poignée au maximum, et Rebecca

le recouvre d'un imperméable qu'elle a apporté. Théo ouvre une porte avec une clef et je suis surprise de voir l'infirmerie à quelques mètres de là. Mes jambes tremblent et je respire vite : je ne dis rien pour ne pas passer pour une poule mouillée, mais j'ai vraiment peur qu'on se fasse repérer par un adulte.

Rebecca part devant pour vérifier que l'infirmerie est déserte pendant que j'attends avec Taïga et Théo. D'après elle, à cette heure-ci, l'équipe vétérinaire fait le tour du zoo pour parler avec les soigneurs et examiner les animaux qui suivent un traitement : avec plus de cinq mille animaux dans le zoo, il y en a toujours !

Elle ressort une seconde plus tard et nous fait signe de la rejoindre.

Une fois à l'intérieur, porte fermée, je pose le sac par terre.

– Comment on fait ? je demande.

– On met Taïga dans la caisse avec les bébés, propose Rebecca.

– Et pour les microbes ? je m'inquiète. Taïga ne risque pas d'en apporter ?

– Ton chat n'est pas en contact avec d'autres animaux, si ? demande Théo.

Je secoue la tête. Taïga reste toujours à l'intérieur de la maison. Alors j'imagine que ça ira.

On enlève tous les trois nos chaussures et on se désinfecte les mains. Je sors Taïga de son sac et je la prends dans mes bras. Elle s'agite et miaule, effrayée par cet endroit inconnu.

Rebecca tourne la poignée de la porte conduisant à la pièce des bébés, sans résultat.

– C'est fermé à clef! dit-elle.

C'est à ce moment que Doc entre dans l'infirmerie. Elle nous examine, l'air sévère.

– Qu'est-ce qui se passe ici ?

J'échange un regard horrifié avec Rebecca. On est cuits ! Ma mère va être furieuse !

# Chapitre 9

Doc lève un sourcil blond. Je remarque qu'il y a des cheveux gris dans son chignon et de petites rides au coin de ses yeux.

J'ai soudain très mal au ventre.

– J'attends, dit-elle. Vous avez intérêt à avoir une bonne explication, et vite, avant que j'appelle vos parents !

Finalement, les deux mains enfoncées dans la fourrure de Taïga pour me donner du courage, je me mets à parler. Je bégaye, mais personne ne se moque de moi, et Théo et Rebecca m'aident à tout lui dire.

– Ce que vous avez fait était stupide et dangereux, dit Doc une fois notre explication terminée. Qu'est-ce qui se serait passé si Taïga s'était enfuie dans le zoo et avait atterri dans l'enclos des ours polaires ? Ou si elle était porteuse d'une maladie ?

Je ravale les larmes qui me montent aux yeux.

– Pardon, je n'ai pas réfléchi.

– Et toi, Théo, je m'attends à ce que tu rendes à ton père sa clef et son passe avec des excuses avant ce soir !

Théo passe la main dans ses cheveux roux et il est si rouge qu'on ne distingue plus les taches de rousseur sur son nez et ses joues.

– D’accord, marmonne-t-il. Je suis désolé.

– Je sais que vous avez voulu bien faire, dit Doc en se radoucissant.

Elle me prend Taïga pour l’examiner.

– Le bébé ne mange toujours pas. Alors… essayons, ça ne coûte rien, décide-t-elle finalement. Ses vaccins sont à jour ? Elle est vermifugée et traitée contre les puces ?

J’ose à peine y croire. Taïga va voir les petits tigres ?

– Oui ! Elle est allée chez le vétérinaire avant notre déménagement pour refaire ses vaccins.

– Tiens-la ! m’ordonne Doc.

Doc la nettoie avec des lingettes désinfectantes en insistant sur les pattes, et on va tous dans la pièce des bébés tigres. Ils sont dans leur caisse, comme la veille. Le plus petit tremble et reste allongé sans bouger. Le voir comme ça me rend triste et j'espère de toutes mes forces que Taïga va l'aider.

Quand Doc pose Taïga dans la caisse, je retiens mon souffle. La chatte s'étire, pas impressionnée par les trois tigres, qui sont minuscules à côté d'elle. Elle les renifle, hésite, puis elle donne un coup de langue à l'un des bébés.

– Qu'est-ce qu'on fait ? je murmure, n'osant pas élever la voix de peur de perturber Taïga.

– On attend, répond Doc.

On s'assoit tous par terre en silence. Comme je l'espérais, Taïga joue son rôle de maman avec enthousiasme et fait la toilette des petits. Après l'avoir laissée faire un moment, Doc retire ceux qui sont en bonne santé de la caisse. Elle les examine, les pèse, puis les confie à Théo et Rebecca pour préparer leurs biberons. Taïga se couche alors contre le petit tigre restant.

– Écoutez, elle ronronne ! dit Théo.

En tendant l'oreille, j'entends aussi le ronronnement familier de Taïga. Le bébé, pressé contre elle, arrête de trembler. Il est si immobile que, pendant un instant, ma gorge se serre à l'idée qu'il soit mort. Puis il remue et se blottit contre elle.

Doc nourrit les deux autres petits un par un. Je garde les yeux fixés sur celui qui reste dans la caisse et je suis surprise quand Doc presse un biberon dans ma main.

– C'est à toi d'essayer, dit-elle. Après tout, c'est ton chat.

Elle m'aide à positionner le petit pour qu'il reste contre Taïga tout en étant droit sur ses pattes. L'espoir et la peur pèsent sur ma poitrine quand je mets la tétine contre la gueule du tigre.

– Allez, vas-y, je murmure. Bois !

Le bébé ne semble pas comprendre ce que je veux et évite la tétine. Déçue, je retire le biberon.

– Essaye d'en mettre sur tes doigts. Ne t'en fais pas, il n'a pas encore de dents, dit Doc.

Je verse du lait sur mes doigts et je les mets dans la gueule du petit. Surpris, il me lèche. Sa langue est râpeuse et chaude.

– Ça chatouille ! dis-je.

– C'est bien, encore une fois, m'encourage Doc.

Je recommence à plusieurs reprises. Comme le lait a l'air de lui plaire, je lui présente de nouveau la tétine. Et là, je sens un mouvement : il tire dessus et le lait fait des bulles dans le biberon.

– Il tète ! je m'écrie. Il est en train de boire !

Je suis si soulagée que j'ai envie de crier et de danser, mais je reste parfaitement immobile.

Le petit tigre boit la moitié de son biberon, puis il bâille et se pelotonne contre Taïga qui le lèche avec vigueur.

Doc semble soulagée, elle aussi.

Rebecca et Théo me tapent dans la main.

– C'est génial ! s'écrie Rebecca. En fait, c'était une bonne idée… hein, Doc ?

– Ça ne change rien : ce que vous avez fait aurait pu mal se finir, dit Doc avec sévérité. Mais je suis bien contente que vous ayez essayé, ajoute-t-elle avec un sourire. Min-ah, il va falloir que tu nous prêtes ton chat… ce bébé n'est pas encore tiré d'affaire.

L'idée de laisser Taïga ici ne me plaît pas. Je dis oui quand même parce que le bébé a plus besoin d'elle que moi.

– Je viendrai la voir tous les jours… est-ce que je pourrai encore donner le biberon ?

Doc sourit d'un air amusé et se lève après avoir arrangé les bébés tigres dans leur caisse et réglé la lampe chauffante.

– Je vais parler à ta mère, dit-elle. Tous les trois, vous feriez de sacrés vétérinaires !

J'échange un sourire ravi avec mes nouveaux amis et on regarde en silence Taïga qui s'étire au milieu des petits tigres, complètement à l'aise.

On a réussi !

# Chapitre 10

– Ça y est, c'est la maison !

J'ouvre le sac de voyage de Taïga, qui en sort d'un bond et part en courant.

– En voilà une qui est contente d'être rentrée chez elle, fait remarquer ma mère.

Je la comprends. Après tout, Taïga a passé dix jours au zoo de l'Arche. Ce matin, elle a été remplacée par un gros tigre en peluche. Doc dit que les trois bébés sont tirés d'affaire et qu'ils ont juste besoin d'un objet doux contre lequel se blottir. Tous les trois ont à présent les yeux ouverts et ils grossissent de jour en jour !

Le plus petit est une femelle et Doc nous a laissés lui donner un nom, Rebecca, Théo et moi, puisqu'on l'a sauvée. On a choisi Tora, qui signifie « tigre » en japonais, pour qu'elle ait le même nom que Taïga dans une autre langue : après tout, c'est Taïga qui a fait tout le travail !

Je monte dans ma chambre pour préparer mes affaires. Demain, l'école reprend. Théo et Rebecca seront là, ce qui me rassure un peu. Si j'ai de la chance, on sera peut-être dans la même classe ! En tout cas, j'ai moins peur d'y aller qu'avant : je sais que j'aurai des amis pas loin… et qu'on se retrouvera au zoo chaque jour après l'école !

Mon téléphone vibre pour annoncer un message. C'est Tatiana, la soigneuse des félins de mon ancien zoo qui m'envoie une photo de quatre bébés panthère noire avec le message : « Nila a eu ses petits ! Ne nous oublie pas, dans ton énorme nouveau zoo ! »

Je me dépêche de l'envoyer à Rebecca et à Théo. Je reçois immédiatement leurs réponses : « Trop mignons ! » suivi de plein de cœurs pour Théo et « Il faudra

qu'on aille les voir pendant les grandes vacances ! » pour Rebecca.

Je sauvegarde la photo pour la mettre en fond d'écran et je souris.

Finalement, je sens que je vais beaucoup me plaire au zoo de l'Arche !

# LA FEUILLE DE SOINS DE MIN-AH

## Le tigre de Sumatra

Le tigre de Sumatra vient de l'île de Sumatra, en Indonésie. Roux foncé, il a plus de rayures que les autres tigres et c'est un des plus petits... même s'il peut quand même peser jusqu'à 140 kilos pour le mâle et 110 kilos pour la femelle !

C'est une espèce en voie de disparition. Il y en a aujourd'hui moins de cinq cents dans le monde à cause de la chasse et de la déforestation. Les zoos aident à sa conservation grâce à la reproduction et des associations relâchent même certains tigres nés chez nous dans des espaces protégés.

La gestation de la tigresse dure entre trois et quatre mois et elle peut avoir entre un et sept petits. À leur naissance, ils font normalement entre 750 g et 1,6 kilo et ont les yeux fermés. Ils restent aveugles environ quinze jours.

Quand on a un bébé tigre dont la mère ne peut ou ne veut pas s'occuper, le mieux est d'avoir une chienne qui vient d'avoir des petits et qui a du lait. Dans ce cas, on lui donne les petits pour qu'elle s'en occupe et ça marche très bien !

Sinon, on doit leur donner le biberon. Il faut alors faire attention à ce que tout soit très propre et à ce que les bébés restent au chaud ! Au début, on doit nourrir les petits jusqu'à huit fois par jour, c'est beaucoup de travail !

## S'occuper de bébés tigres !

**Pendant cinq jours :** colostrum pour poulain – le lait qui les aide à ne pas tomber malades en attrapant des microbes. Nettoie les bébés avec une serviette mouillée tiède après chaque repas pour les laver, les réconforter et les aider à faire leurs besoins : ils ne peuvent pas les faire tout seuls avant presque quatre mois !

**De cinq jours à un mois :** lait en poudre pour chiot avec des compléments pour le rendre plus gras et permettre aux bébés de bien grandir !

**Après un mois :** rajoute des petits pots pour humain à la viande dans ce mélange pour que les bébés s'habituent à leur future nourriture. Miam !

**À partir de six semaines :** donne un peu de viande de dinde hachée. Réduis la quantité de biberons au fur et à mesure que tu augmentes celle de viande. Vers quatre mois, les bébés devraient manger surtout de la viande.

**À six mois :** Félicitations, tes bébés tigres sont à présent sevrés et capables de se nourrir comme des grands ! Dans un zoo, ils pourront dévorer plein de viande pendant environ vingt-six ans !

## Retrouve les petits soigneurs dans d'autres aventures !

**SOS, panda roux en fuite**

Min-ah, Rebecca et Théo font une visite scolaire au zoo de l'Arche. Rebecca se faisait une joie de présenter « son » zoo à toute sa classe ! Mais ça, c'était avant de découvrir qu'une jeune femelle panda roux s'était échappée de son enclos...

**Mystère chez les manchots**

Un manchot semble gravement malade. Le lendemain, deux autres oiseaux présentent les mêmes symptômes. Il faut agir vite et trouver leur problème, avant que l'épidémie ne s'étende !

**Un fantôme au zoo**

Une rumeur court au collège : il y aurait un fantôme dans la forêt, tout près du zoo de l'Arche. Samuel n'y croit pas une seconde, jusqu'à ce que lui-même entende des bruits étranges et aperçoive une silhouette blanche dans les bois...

EXTRAIT

**Dans *SOS, panda roux en fuite*,**

**Rebecca et sa classe visitent le zoo de l'Arche.**

J'en oublie presque Henri... jusqu'à ce qu'il lève la main.

– Oui, Henri ? l'interroge madame Rosa.

– Pourquoi les zoos existent ? demande-t-il. Ils devraient être interdits, ils sont pleins d'animaux super-dangereux qui pourraient dévorer des gens !

– Tu as raison, certains de nos animaux sont dangereux, répond Luc. Mais regarde : leurs enclos sont entourés d'une vitre très haute et très épaisse. Ils ne peuvent pas en sortir.

Henri croise les bras et lève le menton d'un air buté.

– Sur Internet, j'ai vu que dans un zoo, un lion a attaqué des visiteurs, insiste-t-il.

Les autres élèves de la classe semblent tout d'un coup un peu inquiets.

– N'importe quoi ! je dis. Aucun de nos animaux n'a jamais mangé personne !

– Et s'ils s'échappaient, hein ? poursuit Henri.

– Nos animaux ne s'échappent pas ! je m'énerve.

Bon, en vrai, des oiseaux se sont déjà sauvés pendant des spectacles. Et, une fois, une dame nous a rapporté un des canards de la grande mare qui avait volé jusqu'à son jardin.

Mais ça ne compte pas !

Les élèves de ma classe discutent à présent de façon animée et certains d'entre eux ont si peur qu'ils veulent s'en aller. Luc tape dans ses mains pour ramener le calme.

– Ne vous inquiétez pas. Je vous promets que personne ne se fera dévorer par un lion ou un autre animal pendant cette visite.

Direction de la publication : Sophie Chanourdie
Édition : Magali Corbel
Mise en pages : Graphicat
Fabrication : Rebecca Dubois


21, rue du Montparnasse – 75006 Paris
ISBN : 978-2-03-595883-9
Imprimé en Italie par Grafica Veneta
Dépôt légal : juin 2019
322614-01/11039602 – avril 2019